GÉNÉRAL LE JOINDRE

COMMENT ON OBTIENT

LA

Supériorité du Feu

PARIS

HENRI CHARLES-LAVAUZELLE

Éditeur militaire

10, Rue Danton, Boulevard Saint-Germain, 118

(MÊME MAISON A LIMOGES)

COMMENT ON OBTIENT

LA

SUPÉRIORITÉ DU FEU

GÉNÉRAL LE JOINDRE

COMMENT ON OBTIENT

LA

Supériorité du Feu

PARIS

HENRI CHARLES-LAVAUZELLE

Éditeur militaire

10, Rue Danton, Boulevard Saint-Germain, 118

(MÊME MAISON A LIMOGES)

COMMENT ON OBTIENT

SUPÉRIORITÉ DU FEU

Nous nous proposons, dans cette étude, de déterminer théoriquement l'importance des divers facteurs qui peuvent assurer la supériorité du feu à une fraction d'infanterie opposée à une fraction d'un effectif supérieur.

Très souvent, aux manœuvres, des arbitres font reculer un des partis, parce que celui-ci se trouve en infériorité numérique sur un point déterminé.

Le nombre joue certainement un grand rôle à la guerre mais, comme nous pensons le démontrer, d'autres facteurs ont une influence égale et parfois supérieure.

Pour faire cette démonstration, nous avons supposé des troupes de forces inégales opposées l'une à l'autre à 600 mètres, et avons déterminé les résultats probables de leurs tirs successifs, au moyen des écarts probables qui sont connus et de la table des contenances probables de pour cent en fonction de ces écarts.

L'écart probable vertical des feux à volonté à 600 mètres est de 1^m,29. Un panneau vertical de 1^m,60, hauteur d'un homme moyen, intercepte donc les $\frac{160}{129}$ d'un écart probable, soit 1,240 de cet écart. Dans la table des contenances probables, nous trouvons qu'à ce nombre fractionnaire correspond un pour cent de 29.84.

L'écart probable horizontal, à la même distance, est de 1^m,10. Si tous les tireurs visent le même point, leur gerbe se répartira sur une largeur totale de 8^m,80, la densité des atteintes étant naturellement beaucoup plus considérable au centre des 8^m,80 qu'à ses extrémités.

En dehors de cette zone de 8^m,80, le panneau ne recevra pas d'atteintes. Si l'objectif a une largeur supérieure à huit écarts probables (8^m,80 dans le cas que nous envisageons), il sera nécessaire de donner plusieurs points à viser à des fractions différentes, ou bien de faire comme les Allemands, de répartir le feu sur tout l'objectif opposé. Pour la facilité de nos calculs, nous avons admis le tir réparti sur l'ensemble de l'objectif, en admettant le principe, qui sera encore plus vrai à la guerre qu'au polygone, que la vulnérabilité d'une troupe est proportionnelle aux surfaces qui peuvent être atteintes (1).

Nous allons donner ci-après les résultats des divers calculs que nous avons faits et nous en tirerons ensuite les conclusions.

---

(1) Cette proportionnalité cesserait d'être vraie, si l'espacement entre les hommes dépassait $\frac{1}{100}$, par exemple, de la distance, ou mieux, 4 écarts probables : les groupements des coups se feraient dans ce cas autour de chaque homme.

I

100 tireurs debout sur un front de 70 mètres tirent contre 100 tireurs dans la même formation.

Le panneau de $1^m,60$ de hauteur sur une largeur de 70 mètres a une surface de 112 mètres carrés. Une silhouette debout n'a qu'une surface de 42 décimètres carrés; la surface de 100 silhouettes placées devant le panneau serait de 42 mètres carrés. Or, sur 112 mètres carrés nous devons recueillir 29,84 pour 100 des coups tirés; sur les 42 mètres carrés de silhouettes nous n'aurons donc que les $\dfrac{42}{112}$ ou $0^m,375$ de 29,84 p. 100.

Le résultat est 11,19 p. 100.

Ceci étant donné, nous supposerons que les deux groupes de 100 hommes tirent en même temps l'un contre l'autre. $11^h,19$ seront touchés dans chaque groupe. Il ne reste donc que $88^h,8$ pour le feu suivant, c'est-à-dire 88,8 p. 100 des premiers tireurs. La surface à atteindre ne sera plus de 42 mètres carrés, mais les 0,888 de 42 mètres carrés.

Les résultats d'un second feu seront donc :

$$\frac{88,8 \times 88,8}{100 \times 100} \times 11 \text{ h. } 19 = 8 \text{ h. } 83.$$

Après le second feu, les deux partis seront réduits à $88,8 - 8,83 = 80$ hommes.

Le troisième feu enlèvera $\dfrac{80 \times 80 \times 11,19}{100 \times 100} = 7$ h. 2, l'effectif sera alors de 72,8 tireurs pour le quatrième feu, et successivement, 66,9 pour le cinquième, 61,9 pour le sixième, 57,6 pour le septième, 53,9 pour le huitième, et 50,7 pour le neuvième. Nous avons, en principe, arrêté nos calculs lorsque les pertes ont atteint la moitié des effectifs primitifs.

Si l'on faisait la même opération pour les tireurs à genou, les pertes de 50 p. 100 seraient atteintes après onze tirs, et pour des tireurs couchés après dix-huit feux (1).

II

100 tireurs debout sur un front de 70 mètres tirent contre 50 tireurs debout occupant un front de 35 mètres. Le parti le plus faible sera réduit à moins de la moitié de son effectif après quatre feux, l'adversaire ayant encore 88,5 hommes.

III

100 tireurs debout sur un front de 70 mètres tirent contre 50 tireurs debout occupant aussi un front de 70 mètres.

Le premier feu fera perdre à chaque parti 5,6 hommes. Cette égalité des pertes tient à ce que la surface de 50 hommes est la moitié de celle de 100 hommes, tandis que les balles tirées par le parti le plus fort se répandent comme pour le parti faible sur le même rectangle de 112 mètres carrés.

Après le premier feu, les 100 tireurs seront réduits à $91^h,4$, les 50 tireurs à $44^h,1$.

---

(1) Dans les exemples suivants, nous n'indiquerons que les résultats obtenus pour tireurs debout. Pour savoir au bout de combien de feux des tireurs à genou seraient réduits à la moitié de leur effectif, il suffira de multiplier les résultats du tir debout par $\frac{5}{6}$; pour les tirs couchés, il faudrait les multiplier par 1/2.

Pour le deuxième feu, le parti fort n'ayant que les $\frac{94,4}{100}$ de son effectif primitif et devant tirer sur les $\frac{44,4}{50}$ ou $\frac{88,8}{100}$ de la surface vulnérable primitive touchera,

$$\frac{94,4 \times 88,8 \times 5,60}{100 \times 100} = 4 \text{ h. } 63.$$

Pour ce second feu, le parti faible ne peut faire tirer que les $\frac{44,4}{50}$ ou $\frac{88,8}{100}$ de son effectif primitif contre une surface vulnérable qui n'est plus que les 94,4 de la surface primitive. Il touchera donc :

$$\frac{88,8 \times 94,4 \times 5,60}{100 \times 100} = 4 \text{ h. } 63.$$

Les pertes numériques sont donc identiques pour les deux partis. Elles resteront identiques aux tirs suivants, et nous verrons après le septième feu chaque parti diminué de 25 hommes. Seulement, le parti le plus fort aura encore les trois quarts de son effectif, tandis que le parti faible sera réduit de moitié.

Cette égalité de pertes n'est pas particulière au cas où l'un des partis est exactement le double de l'autre, elle a lieu toutes les fois que deux troupes occupent le même front; peu importe que la plus forte ait une densité de formation deux, trois, quatre, cinq fois plus considérable que la plus faible, ce sera toujours après le septième feu que le parti le plus faible sera réduit à la moitié de son effectif primitif si le front ne varie pas.

IV

100 hommes debout répartis sur un front de 70 mètres tirent contre 50 hommes répartis sur un front de 140 mètres ($2^m,80$ d'axe en axe entre les tireurs).

Les balles du parti le plus fort se perdent, en grande partie, dans les intervalles plus grands qui existent entre les hommes du parti faible; les résultats obtenus par ce parti fort sont deux fois plus faibles que dans le cas précédent, tandis que ceux du parti faible sont les mêmes. Après un premier feu, le parti des 100 hommes aura perdu $5^h,6$, celui des 50 hommes n'en aura perdu que $2,8$. Après le 18ᵉ feu, le parti le plus fort n'aura plus que $48^h,4$ et le parti le plus faible $24^h,5$, exactement la moitié de l'autre, comme du reste pendant toute la durée des feux.

Pour ce cas encore, les pertes ne sont pas proportionnelles aux effectifs, mais elles sont inversement proportionnelles aux fronts occupés.

V

100 hommes sur deux rangs, ayant un front de 35 mètres, tirent contre 50 hommes sur un rang, occupant également un front de 35 mètres.

Au premier feu, les pertes sont égales dans les deux partis ($11^h,20$), car, par suite de la pénétration des projectiles, le même projectile traverse les deux hommes de la même file. Après le troisième feu, chaque parti aura perdu 25 hommes.

VI

100 hommes sur quatre rangs, occupant un front de $17^m,50$, tirent contre 50 hommes sur un rang, ayant un front double, c'est-à-dire de 35 mètres.

Au premier feu, les 50 hommes perdent $11^h,2$, mais, par suite de la pénétration, qui est encore de quatre hommes à 600 mètres, les 100 hommes en perdent 22^h,4. Après le quatrième feu, les 100 hommes sont réduits à 48,2, les 50, à 24,1.

VII

100 hommes sur quatre rangs, occupant un front de 17^m,50, tirent contre 50 hommes, occupant 70 mètres de front (1^m,40 d'homme à homme).

Au premier feu, les 50 hommes en perdent 5,6, les 100 hommes 22,4. Après le quatrième feu, les 100 hommes sont réduits à 42,4 les 50 sont encore 35,6. Les pertes du parti faible ont été le quart de celles du parti fort, c'est-à-dire, inversement proportionnelles au front qui, pour ce parti, était quatre fois plus considérable que pour l'autre.

VIII

100 hommes debout, occupant un front de 70 mètres, tirent contre 50 hommes couchés, occupant un front pareil.

Par le fait de la répartition sur un front égal, les pertes seraient égales (5^h,60), si la surface des silhouettes était la même. Or, dans le parti faible, les silhouettes n'ont que 0 mq, 21 de surface au lieu de 0 mq, 42 pour celles qui sont debout.

Le premier feu fera donc perdre au parti fort 5^h,60, et 2^h,80 seulement au parti faible. On retombe dans le cas du § IV, et ce sera après le 18e feu que les deux partis auront perdu plus de la moitié de leur effectif primitif.

IX

100 hommes debout, occupant 70 mètres de front, tirent contre 50 hommes debout, occupant 140 mètres de front, et tirant d'une façon ajustée, avec une vitesse double de celle des premiers.

Par le fait de l'occupation d'un front double, les pertes du parti faible seraient moitié ($2^h,80$) de celles du parti fort ($5^h,60$). Le premier feu des deux partis ayant lieu simultanément, les pertes seront 2,80 et 5,60; mais, pendant que le parti fort recharge lentement, le parti faible fait un second feu qui fait perdre $5^h,60$ au parti fort, sans que le parti faible éprouve la moindre perte.

Après le 14e feu du parti faible et le 7e du parti fort, celui-ci aura perdu 52 hommes, tandis que le parti faible n'en aura perdu que 13, c'est-à-dire quatre fois moins.

X

100 hommes, occupant un front de 70 mètres, tirent contre 50 hommes, occupant un front égal, mais les 100 hommes emploient la hausse de 500 mètres, tandis que les 50 tirent avec la hausse exacte de 600 mètres.

Si les 100 hommes tiraient contre un front de 35 mètres avec la hausse de 500 mètres, ils obtiendraient 5,29 empreintes dans les silhouettes, au lieu de 11,19 que donnerait la hausse exacte. Comme ils tirent contre un front de 70 mètres, leurs résultats seront réduits de moitié et deviendront $2^h,64$.

Les 50 hommes, de leur côté, employant la hausse exacte, toucheront $5^h,6$ au premier feu.

Après le 17ᵉ feu, les 100 hommes sont réduits à 49,6, tandis qu'il en reste théoriquement 26,27 au parti faible.

On a ainsi d'un côté, comme pertes, un peu plus, de l'autre un peu moins que la moitié de l'effectif primitif.

XI

100 hommes, debout, occupant un front de 70 mètres, tirent contre 50 hommes occupant le même front dans une tranchée qui leur permet de ne rendre vulnérable que les 30 centimètres supérieurs de leur corps. Cette surface est de 7 décimètres carrés, soit le $\frac{1}{6}$ de celle d'un tireur debout.

S'il n'y avait pas de tranchée, il y aurait, au premier feu 5ʰ,65 de pertes de chaque côté. Grâce à la tranchée, le parti faible ne perdra que $\frac{5,6}{6}$ soit 0ʰ,93, au premier feu. Après le 14ᵉ feu, les 100 hommes sont réduits à 49ʰ3, les 50 à 41,5, ceux-ci ayant perdu six fois moins de monde que ceux-là.

XII

100 hommes, sur un front de 70 mètres, tirent contre 50, occupant un front semblable. Ceux-ci tirent avec la précision ordinaire du polygone, tandis que les 100 hommes ont un tir deux fois plus dispersé que les 50.

Si les deux partis tiraient avec la même précision, ils feraient des pertes numériquement égales (5,60), mais le parti fort ayant une dispersion double, le parti faible ne perd que $2^h,80$ au premier feu. Les résultats successifs sont identiques à ceux du § IV.

XIII

100 hommes, debout, occupant un front de 70 mètres, sont suivis, à 100 mètres, par une colonne de compagnie de 200 hommes. Ils attaquent un plateau de 10 mètres d'élévation et tirent à 600 mètres contre 50 hommes, qui garnissent, couchés, la crête du plateau qui se trouve rasé par les feux de l'assaillant. Le défenseur a en réserve, à 100 mètres en arrière de sa chaîne, une compagnie de 200 hommes qui ne peut être vue par l'assaillant : elle est à genou, par le flanc, sur 4 rangs, les files serrées le plus possible, de façon à n'occuper qu'une profondeur de 35 mètres. Le tir du défenseur est dirigé contre la portion de chaîne de 25 mètres de front qui se trouve en avant de la colonne de compagnie. Les coups longs du défenseur, qui arrivent à la colonne de compagnie, ont, à ce moment, une inclinaison de $0^m,035$ par mètre. Les coups longs ou rasants de l'assaillant, qui arrivent à hauteur de la compagnie par le flanc, ont une pente descendante de $0^m,01$ par rapport au terrain.

Les deux chaines recevront des coups dans la proportion indiquée aux §§ 8 et 4, le défenseur couché ne perdant qu'un homme pendant que l'assaillant debout en perd deux et, après le 18ᵉ feu, les deux partis auraient théoriquement perdu la moitié de l'effectif de leur chaîne.

La colonne de compagnie de l'assaillant, qui reçoit des balles inclinées de $0^m,035$, offre aux coups du défenseur la même surface qu'un panneau de 18 mètres de largeur sur une hauteur de $1^m,65 + 0^m,63 = 2^m,23$.

Etant donnée la densité de la formation, il n'y a guère de balles arrivant dans cette surface qui ne toucheraient quelqu'un, et, comme la pénétration à 700 mètres est de trois hommes, chaque balle mettrait trois hommes hors de combat. Dans un tir à 700 mètres, avec la hausse de 600 mètres, un panneau de $2^m,23$, visé en réalité 3^m69 au-dessous de son pied, recevrait 7,78 p. 100. Un feu de 50 tireurs donnerait donc 2,39 atteintes qui, multipliées par 3, donnent $7^h,17$ hors de combat. Après sept feux, les 200 hommes seraient réduits à 162.

Le tir de l'assaillant ne pouvant être concentré sur la compagnie par le flanc, celle-ci ne recevra des balles tirées contre le front de 70 mètres que celles qui passeront sur un front de quatre hommes ($2^m,20$), et qui ne dépasseront pas en hauteur $1^m,45$ au-dessus du sol (homme à genou $1^m,10$, pentes des balles $0^m,01$ par 35 mètres de profondeur). La surface dangereuse est donc de 3 mq, 19, soit sensiblement celle de 7,6 silhouettes debout.

En raison de la pénétration, la vulnérabilité de cette compagnie serait la même que celle de 23 hommes debout, occupant un front de 70 mètres, ces hommes placés à 700 mètres des tireurs, qui emploieraient la hausse de 600. Un premier feu mettrait à peu près 2 hommes hors de combat; au bout de sept feux, il y en aurait 11 de tombés. Si la compagnie était à genou sur deux rangs, elle perdrait dans le même temps 10 fois plus.

Après sept feux, la chaîne de l'assaillant serait réduite à 71 hommes, sa réserve à 162, la chaîne du défenseur à $35^h,41$ et sa réserve à 189 hommes.

Si les deux partis avaient opéré en plaine, les effets du tir fichant sur la colonne de compagnie et du tir rasant sur la compagnie par le flanc n'auraient pas lieu. Si nous admettons la compagnie par le flanc masquée aux vues par des cultures, et la colonne de compagnie

non masquée, celle-ci perdrait en tout 89 hommes après
le 7ᵉ feu, la compagnie par le flanc 8 hommes.

La formation par le flanc des compagnies non vues
par l'adversaire s'impose donc, même dans le cas essen-
tiellement défavorable où elles sont exposées à des feux
rasants.

RÉSUMÉ.

Une force d'un effectif moitié moindre que celle qui
lui est opposée fera subir à celle-ci, numériquement,
les mêmes pertes qu'elle éprouvera elle-même :

1° Si elle occupe le même front que celle-ci;

2° Si, occupant un front moitié moindre, elle tire
dans la position couchée, l'autre étant debout.

3° Si, ayant un front moitié moins étendu que l'adversaire, elle tire deux fois plus vite, le tir restant
ajusté :

4° Les formations étant semblables, si l'adversaire
emploie une hausse erronée d'une centaine de mètres;

5° Si le tir de l'adversaire a une dispersion double;

6° Si, tout en ayant la même formation que l'adversaire, les tireurs abritent la moitié de la surface de
leur corps par un ressaut du sol ou un commencement
de tranchée.

La troupe la plus faible n'éprouvera numériquement
que la moitié des pertes d'une force double :

1° Si elle occupe un front double de celui de l'adversaire : cela aura lieu si, d'axe en axe, l'intervalle entre
les hommes est le quadruple de celui de l'ennemi;

2° Si elle réunit deux des conditions énumérées ci-
dessus de 2 à 6;

3° Si, tout en conservant la même formation que l'adversaire, elle n'expose chez ses tireurs que le quart de

la surface des tireurs ennemis, soit au moyen d'un abri offert par le sol, soit par un commencement de tranchée.

La troupe la plus faible aura une supériorité absolue sur un adversaire de force double, si elle réunit trois des conditions énumérées de 1° à 6°, ou bien, la condition 1° avec une de celles énumérées de 2° à 6° ; enfin, si elle combat dans une tranchée sur un front égal à celui de l'adversaire.

CONCLUSIONS

Etant admis comme démontré qu'à front égal les
pertes sont numériquement égales, quel que soit l'effectif engagé de part et d'autre, on peut se demander si,
au début d'un combat, une troupe a avantage à n'engager que la moitié de l'effectif mis en ligne par son adversaire, en laissant le reste de son monde dans un abri
à proximité.

Admettons deux compagnies de deux cents hommes
opposées l'une à l'autre. D'un côté, 100 hommes entrent
en action, de l'autre, 50. Les deux partis auront perdu
25 hommes au bout d'un temps double et d'un nombre
double de tirs de ce qu'il eût fallu à des forces égales lut-
tant sur le même front. Le parti le plus faible aura
l'avantage sur le parti fort de n'avoir consommé que la
moitié des munitions de son adversaire, mais son moral
peut être plus déprimé, puisque l'effectif engagé est réduit de moitié, tandis que, du côté opposé, il ne l'est que
du quart.

Supposons que le parti faible soit renforcé de 25 hommes, il se retrouvera à la tête de 50 hommes, comme au
début, et l'adversaire lui opposera 75 hommes. Le front
restant le même pour les deux partis, chacun d'eux arrivera à perdre 25 nouveaux hommes au bout d'un
temps qui sera égal au $\frac{3}{2}$ de celui au bout duquel le même effet aura été produit la première fois.

Comme on le voit par cet exemple, un combat sur un

même front entre deux partis revient à pionner, comme au jeu de dames, et c'est fatalement celui qui dispose de la moindre quantité de pions qui finira par perdre la partie, à moins que son adversaire, démoralisé par les pertes, ne fasse quelque grosse faute et ne cède le terrain.

Il n'y a donc pas, a priori, un intérêt majeur à engager sur le front disponible peu ou beaucoup de monde pour commencer. Toutefois, lorsque, sur un point, on voudra soutenir un combat démonstratif, il conviendra de mettre sur la chaîne peu de monde, en y envoyant des renforts par petits groupes, de façon à entretenir la même densité de feux. On répartira ainsi les pertes sur un temps considérable en en faisant éprouver d'égales à l'ennemi.

Si, au contraire, on veut préparer une attaque décisive, il faut mettre beaucoup de fusils en ligne, afin de faire éprouver à l'adversaire, dans un temps relativement court, des pertes suffisantes pour occasionner chez lui assez de démoralisation pour nous permettre de donner l'assaut.

Il sera rare qu'une troupe un peu nombreuse puisse occuper un front plus étendu que son adversaire, en conservant la possibilité de faire converger des feux sur lui. Par contre, il arrivera que des fractions, disposant d'espace, se pelotonneront pour se former sur un rang, sur deux et même sur quatre rangs, par suite d'une fausse appréciation de leur chef.

Dans ce cas, on pourra leur opposer un front double et même quadruple, et obtenir la supériorité du feu d'une façon certaine.

Inversement, la connaissance de l'avantage qu'on a à employer un front supérieur à celui de l'ennemi doit nous faire éviter la faute de prendre des formations de grande densité en laissant à l'adversaire la possibilité d'occuper un front plus étendu.

D'une façon générale, il faut répartir les troupes qu'on veut mettre en chaîne sur le plus grand front possible, sans usurper sur le terrain dévolu aux troupes voisines. Ménager d'avance des intervalles entre des sections ou des demi-sections avec l'intention d'y placer ultérieurement des sections ou des demi-sections de renfort, revient à faire tuer inutilement deux fois plus de monde que si l'on occupe tout de suite tout le front disponible. L'ennemi ne tirera pas contre les vides de la ligne et l'effet de son tir sera le même que s'il était dirigé contre un front deux fois plus petit.

En ne ménageant pas d'intervalles pour le placement des renforts, on amène fatalement le mélange des unités au moment de l'entrée en ligne de ceux-ci. Pour parer à cet inconvénient, il convient, par exemple pour une compagnie, d'engager plutôt quatre demi-sections de quatre sections différentes que deux sections entières; pour un bataillon, on engagerait, par analogie, plutôt les moitiés de quatre compagnies que deux compagnies entières.

S'il ne dépend pas toujours de nous de combattre sur un front supérieur à celui de l'ennemi, nous pouvons, par contre, diminuer de moitié nos chances de pertes, en renonçant une bonne fois à notre habitude de tirer debout ou à genou. Qu'en temps de paix on ne fasse pas coucher les hommes dans la boue, c'est très logique; il faudrait faire comprendre à tous nos gradés qu'à la guerre on devra, à peu près toujours, employer le tir couché, et qu'il faut en prendre l'habitude en temps de paix, quand l'état du sol le permet, et, si le fait d'être couché n'empêche pas de voir l'adversaire.

Pour obtenir la supériorité du feu, le principal souci de l'officier doit être de rendre sa troupe le moins vul-

— 22 —

nérable possible. La fortification est un des meilleurs moyens pour atteindre ce but, mais elle a l'inconvénient de river le défenseur au sol. Néanmoins, il conviendra d'en faire un large usage.

Des ondulations de terrain, derrière lesquelles on se couche, peuvent diminuer beaucoup la surface vulnérable. Les crêtes militaires peuvent permettre de ne montrer à l'assaillant que le haut du corps, qui seul peut être atteint, si on laisse approcher celui-ci assez près pour que la courbure de ses trajectoires ne rase plus le sommet de la hauteur (1).

Exceptionnellement, dans ce cas, la position debout sera bonne pour tirer, car, en passant sur place à la position à genou, on cessera d'être vu et d'être atteint, et on pourra réapprovisionner le magasin pour reprendre un feu très nourri par rafales.

Une erreur de 100 mètres dans l'appréciation des distances fait diminuer les résultats de plus de moitié, une erreur de 200 mètres les rend à peu près nuls : on ne saurait donc trop exercer les officiers, non seulement à l'appréciation à vue, mais surtout à celle qu'on peut faire avec des instruments.

La rapidité du tir peut largement compenser une infériorité numérique sans diminuer la précision : il suf-

---

(1) Pour obtenir en arrière d'une crête une zone de 500 mètres, défilée aux coups de l'assaillant d'une hauteur, il faut que le rayon visuel d'un tireur debout, placé en arrière de la crête, à une distance a, et passant par la crête apparente, aboutisse aux pieds de l'assaillant à une distance maxima b en avant de la crête.

Distance a du défenseur en arrière de la crête.														
58ᵐ	48	40	34ᵐ	28ᵐ	23ᵐ	20ᵐ	18ᵐ	16ᵐ	13ᵐ	11ᵐ	10ᵐ	9ᵐ	8ᵐ	7ᵐ
Distance b en avant de la crête, à laquelle il faut laisser venir l'assaillant avant d'ouvrir le feu														
200	300	400	500	600	700	800	900	1.000	1.100	1.200	1.300	1.400	1.500	1.600

fit pour cela d'employer le tir à répétition, s'il est possible de réapprovisionner le magasin à l'abri (dans une tranchée, en se baissant, par exemple) ou bien, si l'on est assaillant, en le faisant en marchant. Le tir à répétition, dans ce cas, ne doit avoir pour but que de faire gagner du temps sur la charge, mais ne doit nullement empêcher les hommes de viser posément (1).

La supériorité du feu peut être acquise par les pertes qu'on fait éprouver non seulement à la chaîne ennemie, mais encore aux soutiens et aux réserves.

On a souvent recommandé de rapprocher les réserves pendant que la chaîne tire, afin de les avoir sous la main au moment où l'on voudra les employer pour le choc. Oui, si l'on peut le faire par des cheminements abrités, mais non, si c'est pour former à 50 mètres ou 100 mètres en arrière de la chaîne une seconde chaîne à genou ou couchée, qui ne servira, pendant longtemps, qu'à recevoir les coups longs et les ricochets des feux dirigés contre la chaîne.

Les réserves doivent être maintenues à 250 mètres au moins de la chaîne ; lorsqu'on voudra les faire entrer en action, cette distance de 250 mètres doit être franchie sans arrêt appréciable, à moins que ce soit dans un abri. Si, par suite d'une précipitation coupable, on les a fait avancer plus tôt qu'il ne fallait, il vaudra mieux leur faire doubler la chaîne et donner à la ligne de feu un maximum d'intensité, dût-on tirer sur deux rangs, au lieu de les offrir en holocauste, en les laissant immobiles à 50 mètres en arrière de la ligne de feu.

Nous avons à maintes reprises préconisé pour les deuxièmes lignes les formations par le flanc par petites

---

(1) Dans le même ordre d'idées, il convient d'exercer les hommes à charger coup par coup et à épauler le plus rapidement possible, puis à viser sans précipitation.

fractions, même à moins de 1.000 mètres, pour juger inutile de reprendre cette thèse aujourd'hui. Il convient simplement de rappeler que ces petites fractions doivent être à au moins 20 mètres d'intervalle pour que le même obus n'en touche pas deux. Leur disposition en échiquier paraît avantageuse. Lorsque de petites fractions, demi-sections ou escouades devront se rapprocher, ce mouvement latéral devra se faire par une marche oblique et non par file à gauche ou à droite, afin de présenter à l'adversaire le moindre front possible pour chacune des fractions.

Nous ne saurions trop recommander les formations par le flanc pour des compagnies entières quand celles-ci sont hors de vue de l'adversaire. Les fronts étroits et peu nombreux doivent être une règle absolue, en pareil cas, les files serrées le plus possible.

APPENDICE

Le règlement provisoire sur les manœuvres de l'infanterie prescrit pour les feux collectifs un point à viser comme par le passé. Le règlement provisoire sur l'instruction du tir dit, au n° 114, que, le réglage terminé, le chef de section *peut* répartir le feu sur tout le front de l'objectif en donnant comme but la section, sans autre indication de point à viser. Ainsi, le chef de section peut, soit faire viser un point unique, soit une fraction déterminée de la chaîne ennemie. Lequel des deux moyens est le préférable?

Lorsqu'on tire à 600 mètres sur un panneau de largeur indéterminée, les 29,84 p. 100 de balles tirées que, théoriquement, le panneau doit recevoir, se répartissent sur une largeur de huit écarts probables soit 8^m,80. En admettant que les silhouettes de l'objectif soient placées à 70 centimètres, d'axe en axe, six ou sept silhouettes pourraient être atteintes de chaque côté du point visé. Supposons chaque silhouette encadrée dans un rectangle de 1^m,60 sur 0^m,70; elle occupera les $\dfrac{42}{112}$ de la surface de ce rectangle, soit 0,375. Si l'on admet que les balles qui touchent chacun des rectangles s'y répartissent uniformément, chaque silhouette recevra les 0,375 des balles qui toucheront le rectangle qui l'encadre.

L'écart probable horizontal à 600 mètres étant de

1^m,10, on peut détérminer, avec la table des contenances probables, le pour cent de balles qui, théoriquement, devraient frapper soit chacun des rectangles, soit chacune des silhouettes. Les calculs donnent les résultats ci-dessous :

	P. 100		P. 100
1er rectangle...	4,95 ;	silhouette correspondante...	1,86
2e - - ...	4,22	— - ...	1,59
3e - - ...	‹2,74	—— ...	1,03
4e —— ...	1,70	· ...	0,65
5e - - ...	0,81	— - ...	0,30
6e · - ...	0,33	——· ...	0,13
7e —— ...	0,15	· - ...	0,06
Totaux...	14,90	...	5,62

Ainsi, pour un tir de 100 balles, les trois silhouettes centrales seront touchées par au moins une balle chacune, les 4e et 5e silhouettes ont des chances d'être atteintes l'une ou l'autre par une balle, enfin les 6e et 7e silhouettes n'ont que fort peu de chances d'être atteintes l'une ou l'autre.

En prenant les silhouettes des deux côtés du point visé, on en trouverait six ayant reçu en tout neuf balles, quatre sur lesquelles il y avait en tout deux balles, enfin les quatre extrêmes sur lesquelles on ne trouverait une balle qu'après trois tir de cent. Un tir de cent balles, tirées contre un point unique, devrait donc mettre hors de combat huit hommes quoique, en réalité, onze balles aient touché les objectifs.

Prenons 50 tireurs opposés à une section de 50 silhouettes, occupant un front de 35 mètres, et admettons que chaque tireur vise la silhouette qui lui fait face. Pour plus de simplicité, supposons que chaque tireur tire deux cartouches, cela nous permettra de confondre les pour cent avec le nombre de balles mises. Si aucune balle ne sortait de la largeur de l'objectif, nous y trouverions 11,24 atteintes.

Comme à 600 mètres une gerbe couvre sept silhouettes à droite, et sept à gauche, le déchet qui se produira sur le nombre de 11,24 atteintes ne peut porter que sur les sept silhouettes de chaque aile de la section visée. Les 36 silhouettes centrales recevront, sur les 72 balles dirigées contre elles, $11{,}24 \times \dfrac{72}{100} = 8{,}09$. Sur les sept silhouettes extérieures sont dirigées quatorze balles; celle d'entre elles qui est la plus éloignée de l'aile et à laquelle nous donnerons le nom de première recevra un pour cent de balles semblable à celui des 36 silhouettes centrales, puisque, d'après le tableau plus haut, elle pourrait recevoir 0,06 p. 100 des balles tirées contre la silhouette de l'aile. La deuxième silhouette recevrait en moins 0,06 p. 100, puisqu'il n'y a personne après le septième tireur ; la troisième recevrait en moins 0,13 + 0,06 p. 100 = 0,19 p. 100; la quatrième 0,30 + 0,13 + 0,06 = 0,49 p. 100 ; la cinquième 0,65 + 0,30 + 0,13 + 0,06 = 1,14 p. 100 ; la sixième, 1,03 + 0,65 + 0,30 + 0,13 + 0,06 = 2,17 p. 100 ; enfin, la septième, 1,59 + 1,03 + 0,65 + 0,30 + 0,13 + 0,06 = 3,76 p. 100.

Le total de :

3,76 + 2,17 + 1,14 + 0,49 + 0,19 + 0,06 = 7,81 p. 100.

Or, le nombre de balles tirées contre les six silhouettes extérieures de chaque côté de la section est de 24.

Le nombre de balles qui sur 100 balles tirées ne toucheraient pas l'une des 50 silhouettes de la section, mais qui toucheraient les silhouettes voisines si la chaîne était plus longue, sera donc de 0,24 × 7,81 = 1,87. Il y a lieu de retrancher ce nombre 1,87 de 11,24, c'est-à-dire du nombre de balles touchant la formation lorsqu'on fait viser un point unique. On trouve ainsi 9,37 pour le nombre de balles qui toucheraient les silhouettes dans un tir de 50 tireurs tirant chacun deux coups, en répartissant leur feu sur tout le front de la section. Dans le tir contre une section isolée, il y a donc un bénéfice de 1 à répartir le tir sur tout le front, plutôt que de viser un point unique. Le nombre 1,87, exprimant le pour cent perdu à 600 mètres, par les 12 hommes des ailes, est invariable quel que soit le nombre de silhouettes de l'objectif. L'avantage d'un tir réparti sur tout le front sera donc d'autant plus grand que la ligne ennemie sera plus étendue, et le pour cent de 9,37 tendra à se rapprocher de 11,24, si la ligne ennemie est très longue. Si, au contraire, on avait à tirer sur un front inférieur à huit écarts probables horizontaux de la distance, ce serait la visée sur un point unique qui donnerait l'avantage.

Paris et Limoges. — Imp. milit. Henri Charles-Lavauzelle.

Librairie militaire Henri CHARLES-LAVAUZELLE
Paris et Limoges.

Armes portatives françaises et étrangères, par le capitaine BATAILLE :
France (fusil mod. 1886 M. 93) ; **Allemagne** (fusil mod. 1888) ; **Autriche**
(fusil mod. 1895) ; **Russie** (fusil mod. 1891. Chaque puissance fait l'objet
d'un fascicule in-plano, tiré en deux couleurs, avec gravures dans le
texte et une planche hors texte en dix couleurs. Prix du fascicule. 5 »

Guide pratique des exercices de combat et de service en campagne
(2ᵉ édition). — Volume in-32 de 92 pages avec 10 croquis, cart....... » 75

Service en campagne d'une compagnie d'infanterie, par le capitaine
BOSCHET, avec 27 croquis, cartes ou plans. — Vol. in-8º de 240 p.. 4 »

La compagnie isolée en marche et en station, avec trois croquis, par
F. B. — Brochure in-8º... » 50

Des éclaireurs de montagne, par H. DUNOD, lieutenant de chasseurs
alpins. — Brochure in-8º... .... 1 50

Agenda de mobilisation. Infanterie (2ᵉ édition). Volume in-18 de 128 pages, relié pleine toile... 2 »

Guide pratique pour la guerre en Afrique, à l'usage des officiers et des
sous-officiers, par le lieutenant-colonel A. DUMONT, ex-officier des affaires
indigènes (8ᵉ édition). — Brochure in-18 .... 1 25

Formations et manœuvres de l'infanterie en campagne, par le capitaine breveté G. LÉVY. — Volume in-8 de 92 pages avec croquis dans le
texte... 2 ›

Essai historique sur la tactique d'infanterie depuis l'organisation des
armées permanentes jusqu'à nos jours, par le commandant GÉRÔME, breveté d'état-major, ancien professeur adjoint d'art et d'histoire militaire
à l'Ecole spéciale de Saint-Cyr. — Volume in-8º de 272 pages, avec
70 croquis... 5 ›

Historique de la tactique de l'infanterie française, par V. VEYNANTE
chef de bataillon breveté au 42ᵉ d'infanterie, 10 croquis. — Vol. in-8º de
120 pages... 2 50

Cartes étrangères. Notions et signes conventionnels, par le capitaine
ESPÉRANDIEU, professeur de topographie et de géographie à l'Ecole militaire d'infanterie - Volume in-8º de 140 pages.................... 4 »

Français et Allemands, étude démographique et militaire des populations
actuelles de la France et de l'Allemagne, l'Alliance franco-russe et
l'Allemagne, par le Dʳ J. AUBŒUF. — Volume in-8º de 122 pages.. 2 »

Causerie sur le cheval, conférences faites aux cavaliers du 21ᵉ chasseurs
par le lieutenant H. DE ROCHAS D'AIGLUN. — Br. in-8º de 78 pages.. 1 50

La stratégie et la tactique allemande au début du vingtième siècle,
étude par le général PIERRON. — Volume in-8º de 394 pages avec croquis
dans le texte.. 6 ›

Etude sur la tactique de l'infanterie, par V. VEYNANTE, chef de bataillon breveté au 42ᵉ régiment d'infanterie, avec croquis. — Brochure in-8º
de 84 pages... 2 »

Etude sur la tactique de ravitaillement dans les guerres coloniales,
par NED-NOLL. — Volume in-8º de 156 pages..................... 2 50

Tactique raisonnée de l'infanterie, par Ch. DELTHEIL, chef de bataillon
au 16ᵉ régiment d'infanterie. — Brochure in-8º de 32 pages......... » 75

Guide pour le chef d'une petite unité d'infanterie opérant la nuit
(marches, avant-postes, combat, méthode d'instruction), par le capitaine
breveté NIESSEL. — Vol. in-8º de 100 pages, 6 croquis dans le texte.. 2

Principes fondamentaux et tactique raisonnée du combat de nuit,
par le lieutenant-colonel G. TRUMELET-FABER, du 20ᵉ d'infanterie. — Brochure in-8º de 96 pages, avec 4 figures dans le texte.. .... 2 »

Librairie militaire Henri CHARLES-LAVAUZELLE
Paris et Limoges.

Instruction spéciale des éclaireurs d'infanterie, par le lieutenant J.-M. FRANCESCHI, du 137ᵉ régiment d'infanterie. — Volume in-8° de 112 pages, avec 16 croquis dans le texte.......................... 2 »

Manuel des candidats de toutes armes aux différents grades d'officier dans la réserve et dans l'armée territoriale. Programme développé des connaissances exigées par le décret du 16 juin 1897. — Volume in-18 de 708 pages, avec 280 croquis dans le texte................. 4 »

Instruction pour les éclaireurs d'infanterie. Brochure in-32 de 48 pages, avec un tableau de signaux pour la transmission optique.......... » 75

CLAUZEWITZ. — **La Campagne de 1814 en France,** traduit de l'allemand par G. DUVAL DE FRAVILLE, chef d'escadron d'artillerie breveté, instructeur d'équitation à l'Ecole d'application de l'artillerie et du génie. — Volume in-8° de 166 pages, une carte.............................. 3 50

Les corps francs dans la guerre moderne, — Les moyens à leur opposer, étude historique et critique sur l'attaque et la défense des voies de communication et des services de l'arrière, par le capitaine V. CHARETON. — Vol. in-8° de 260 pages, avec 9 croquis dans le texte.. 4 »

Général GALLIÉNI. — **Rapport d'ensemble sur la pacification, l'organisation et la colonisation de Madagascar** (octobre 1896 à mars 1899). — Volume in-8° de 628 pages................................... 7 50

Souvenirs de Madagascar, par le lieutenant LANGLOIS. — Volume in-8° de 192 pages, 37 croquis................................... 3 50

Campagne de 1866, étude militaire rédigée conformément au programme des examens d'admission à l'Ecole supérieure de guerre, par C. DE RENÉMONT.

TOME Iᵉʳ. **Opérations en Bohême.** — Volume in-8° de 390 pages avec 20 cartes ou croquis dans le texte..................,...... 7 50

TOME II. **Opérations sur le Mein, en Italie et en Tyrol.** — Volume in-8° de 368 pages avec 14 croquis dans le texte................ ...... 7 50

Troubles et émeutes. — Recueil des documents officiels indiquant les mesures à prendre par les autorités civiles et par les autorités militaires, par J. SAUMUR, officier d'administration de 1ʳᵉ classe d'état-major. — Volume in-32 de 88 pages.................................... » 50

École régimentaire de tir à l'usage des officiers et sous-officiers d'infanterie, par le commandant breveté ALLEGRET, du 4ᵉ tirailleurs algériens. — Volume in-8° de 140 pages avec 11 figures dans le texte. 3 »

L'Infanterie perd son temps, par le général Ch. PHILEBERT. — Brochure in-18 de 78 pages..................................... 1 50

Carnet-agenda du sergent de tir. — Volume in-18 de 152 pages... 1·50

Les cartouches et le caisson d'infanterie. — Volume in-32 de 100 pages avec figures, broché, » 50 ; relié............................. » 75

Notre fusil, par le général LUZEUX. — Brochure in-8 de 44 pages.... 1 »

Traité pratique de l'escrime à l'épée de combat sur le terrain, par E. DARBON, maître d'armes au 23ᵉ chasseurs, ex-sergent maître d'armes à l'Ecole de Saint-Cyr. — Brochure in-12 de 36 pages............. » 60

Escrime de chambre, méthode pour s'exercer seul à faire des armes, par le commandant E. T. — Fascicule in-32 de 24 pages............... » 25

Méthode d'enseignement de l'escrime avec l'épée de combat. Jeu de terrain, par M. SERPETTE, maître d'armes au 5ᵉ régiment de hussards. — Brochure in-18 de 80 pages, avec 12 photogravures............. 2 »

Le catalogue général de la Librairie militaire est envoyé gratuitement à toute personne qui en fait la demande à l'éditeur Henri CHARLES-LAVAUZELLE.